COLECCIÓN DE POEMAS

¡Gracias Amor!

TRIBUTO AL AMOR, LA ESPERANZA Y LA VIDA

Miriam Serrano

¡Gracias Amor!

TRIBUTO AL AMOR, LA ESPERANZA Y LA VIDA

MIRIAM SERRANO

2022

Derechos De Autor © 2022
Publicación Independiente
Miriam Serrano

¡Gracias Amor!
Tributo Al Amor, La Esperanza Y La Vida
Colección De Poemas Para La Vida
Por Miriam Serrano

Corrección, Edición y Diseños:
Benny Rodríguez (AcademiaDeAutores.com)

Impreso en los Estados Unidos
ISBN: 979-8-88680-026-5

Para Invitaciones y Pedidos:

Miriam Serrano
+1 (954) 683-8336

Tabla De Contenido

DEDICATORIA

Dedico este libro a la vida, al desengaño, a la mentira,
al sentir más recóndito del ser humano.
Dedico mi libro al amor,
el sentimiento más hermoso y sublime que existe.

Lo dedico especialmente a mis hijos:
Yatzie Darie, Thais Aimee y a Gabriel
que han sido el motor de mi vida y por eso les dejo
este legado.

También a todas aquellas personas que,
a pesar de todo lo vivido, todavía creen, sienten,
sueñan y viven por amor.

Gracias a todos aquellos que de una u otra forma
me inspiraron a escribir y le dieron vida a este libro.

Gracias a todos aquellos que todavía esperan que el amor
toque a sus corazones.

Gracias AMOR por existir y permitir que
muchos crean en ti.

Con Amor,

-Miriam

A La Deriva

Siempre me decías
cuanto me querías
y hoy solo dejas llanto
y dolor en mi corazón...

Porque me mentías,
si tú no sentías
este inmenso amor
que siento yo por ti...

Por qué me dejas destrozada
el alma...vida mía...
Porque me engañabas
contándome mentiras
si sabes que mi vida
te pertenece a ti...

Porque...dime porque no me matas
y terminas con este gran dolor,
que me lleva a la deriva
sin encontrar la salida
y para arrancar todo este amor
que siento yo por ti...

A Mi Madre

No te importó dañar tu cuerpo
para llevarme en tu vientre...
No te importó sufrir dolores
para poder tenerme...

Me criaste con amor
hasta hacerme una mujer...
y hoy pago con traición
y hiero mucho tu querer...

Pero no llores, madre mía,
que he comprendido mi error...
Y solo quiero vivir
para pagarte todo tu amor...

Y en mil años que viva,
he de quererte con locura...
Te cuidaré por siempre
hasta merecer tu ternura...

Por eso te escribo estos versos
para que te sientas tranquila...
y sepas que para mí,
eres la madre más bella y pura...

A Ti...Hija Mía

Cuando creí no tener nada en la vida...
llegaste tú...
Iluminando mi vida con tu pequeño amor,
y en ti deposite todas mis congojas
y has sido en mi vida,
mi estrella de luz...

Hija mía, sin ti no sé qué será de mi...
Tú me enseñaste a sentir amor de madre,
y me enseñaste lo que es verdadero amor...
Si tú me faltarás yo me moriría,
porque sin tu cariño, no podría vivir...

Gracias le doy al cielo
por tenerte a mi lado
y pido de rodillas
que nunca me faltes a mí,
porque yo respiro solo con tu cariño...
y este amor de madre
nadie lo podrá destruir...
Dios te bendiga hija mía
por haber nacido para mi...

AGONÍA

Porque no vienes a mí...
a buscarme,
a quitarme esta tortura
que siento...

Porque te alejas a
cada instante,
y no tienes piedad
de todo este dolor...

Porque si te deseo
me niegas tu salvación.
Porque me martirizas
y me niegas tu calor...

¡Sí...ven a mí!
Arráncame de esta vida
que llevo...
Quítame de esta agonía
y recógeme en tu seno...

Agonía y Amor

En las tristezas siempre hay alegría
si es que se siente el palpitar del corazón...
Qué quiere decirme en mi triste agonía
que te quiere como todo ser ansia
y en la pena surge una gran ilusión...

La historia se escribe con profunda melancolía
y al héroe se describe en su dura acción...
Pero al final de la noche llegará el día
cubierto de blanca lozanía cual flor
que nace de un fértil corazón...

Si un genio descubrió el misterioso universo
lleno de incertidumbre en toda su extensión,
lo mismo que se siente cuando se da un beso
henchido de amor y con profunda pasión...

La musa siempre surge de momento
cuando las horas pasan con firme decisión,
regalando al hombre en su loco sentimiento
tornando en blanco una negra pasión...

Almas Gemelas

No te quiero, me dijiste;
sabiendo que mentías al hablar así.
Sabiendo que en tu entrega me dabas tu alma...
Cómo es posible que te expreses así...

Un amor tan grande es imposible morir
si en cada caricia te entregabas más y más,
y en cada beso siento que me amas
con un amor tan puro
que no se puede igualar...

Yo sé que me quieres
como te quiero a ti
y en cada entrega lo sentimos así...
Perdóname, mi vida, si no puedo creerte
ya que cuando se siente no se puede fingir...

Yo soy en tu vida, como tú en la mía,
dos almas gemelas que tienen que seguir
unidas por siempre y hasta nuestro fin...
Un amor como el nuestro
no se puede morir...

ÁMAME

Ámame, ámame
como si fuera la última vez...
Ámame, ámame
como solo tú sabes hacerlo,
llévame al cielo y hazme creer
que seré tuya para siempre...

Ámame, ámame
con esa pasión que me domina
y que me aturde,
que me hace sentir mujer...

Bésame, abrázame, tómame
arráncame el néctar
de este amor que llevo dentro
como volcán enfurecido
y apágalo con tu amor...

Ámame, ámame
porque soy tuya ahora y siempre...

Amando En Silencio

Si escribiendo se pudiera describir lo que yo siento
al perder tu amor y que ya no lo tengo.
Si pudiera descifrar la agonía que tengo
al quererte decir cuánto te quiero...y no puedo.

Pregúntale a quien dice que te ama
si te puede decir con palabras
y una pluma su gran sentimiento,
pues para lograr eso hay que saber sentir un amor
tan profundo como el que siento yo por ti,
para expresarlo con palabras en un poema sin fin...
Y que me recordarás por siempre
porque seré la única en tu vida
que lo ha hecho solo por ti...

Sabes mejor que nadie que no podía escribir,
y quizás sean los últimos que te dedique a ti
y me han salido del fondo de mi alma y con gran dolor.
Tal vez nadie nunca te escriba así
y aunque tú te rías y te burles de mí,
quiero que sepas que en ellos
he depositado todo mi gran amor por ti.

Y como amar no es vergüenza, te lo he querido decir...
recuérdalos por siempre de esta que te quiso
y no te lo supo decir y que pago muy caro
el amarte en silencio...

Amar No Es Delito

Amar no es un delito.
Amar es un regalo de Dios,
que nos lo da para seguir amando...

Amar no es un delito.
Amar es un milagro,
que mueve nuestras vidas
aunque por él suframos...

Amar no es un delito.
Amar es seguir dando
toda nuestra vida
al ser que más amamos...

Sin pensar en el rencor,
ni odios, ni daños, ya que amar
no lleva cuenta del daño...

Y si por amar lágrimas derramamos,
agradezcamos a Dios por haber amado,
que peor es vivir sin haber intentado
amar con intensidad.
Aunque por él perdamos el corazón que
un día dimos y que con él entregamos
toda nuestra vida...
Pero como amar no es delito,
volvamos a intentarlo...

Amor De Locura

Nunca pensaste que tú lograrías
lo que nunca nadie ha podido jamás;
El lograr que te ame con tanta locura
lo que siempre quise poder evitar...

Lograste penetrar
hasta el fondo de mi alma,
buscando alborotar este amor sin fin;
Pero qué puedo hacer ahora
que sabes que te quiero
y este sentimiento
no lo puedo arrancar...

He quedado presa de esta locura,
y de este amor que crece
cada día más y más...

Amor De Mi Alma

Amor...amor de mi alma
no sé cómo ni cuando
entraste en mi vida
solo sé que te amo,
te siento y te deseo
con toda el alma mía...

Cuanto siento no haberte dicho
lo que significas en mi vida,
solo añoro el día
en qué me digas
que me amas todavía...

Y ese día lloraré
pero de alegría...
Y continuaré amándote
hasta el fin de mis días...
Y moriré con tu nombre
en mis labios y una dulce
sonrisa diciéndote:
¡Gracias, gracias mi vida!
por este amor tan lindo
que ha iluminado mi ser...

Amor Imposible

Sueño con un amor imposible;
Imposible porque nunca he de tenerlo.
Cómo sufro por este cruel martirio;
Martirio que destruye mi pecho...

No sé porque el destino
se ensaña con mi vida,
si no he de tenerlo
porque he de amarlo así...

Porque no he de arrancar
este amor para siempre...
Si solo así,
podré ser feliz...

BURLA

Cuando con locura se ama,
poco a poco se pierde la fe...
porque es tanto lo que se sufre
cuando amamos a un ser...

Cuando un amor se va
nos deja el corazón hecho pedazos,
porque se lleva la ilusión
que un día nos habíamos forjado...

Es por eso que en la vida
no se debe amar así...
porque cuando tú lo entregas todo...
siempre se burlan de ti...

CALLA Y OLVIDA

Corazón, ya no sufras
por ese amor que te traiciono.
Corazón, tú no mereces
derramar lágrimas
por aquel que te olvido.

Corazón, calla y olvida
porque él no merece tu amor.
Cura la herida que te han causado
y busca la dicha en otro amor.

Corazón, no te sientas solo
que aquí estoy yo con tu dolor,
para cuidarte y adorarte
y alejarte de todo mal amor...

CICATRICES

Mucho tú quisiste
más poco te quisieron,
pero nunca pienses que el amor
todo es traicionero...

Yo sé que tú has soñado
con un amor verdadero,
y hasta hoy solo has recibido,
amores que no te quisieron...

Yo sé que tienes herido
con un dardo el corazón
pero llegará el día
que se cure ese dolor...

Y cuando cicatrice
la herida de tu corazón,
sabrás que te has curado
encontrando un nuevo amor...

COBARDÍA

Por este corazón que día a día
late sin razón...
Por este gran dolor que
la vida me otorgó...
Por este gran suplicio
de vivir sin sentir amor...

Es por eso que anhelo encontrar
otro gran amor que me haga olvidar
esta cobardía de huirle
a la razón para poder sentirme
hinchada de pasión...

Cuanto yo daría por cambiar en mi vida
tanta tristeza y dolor,
por una gran pasión que le haga
olvidar a mi triste corazón
el desengaño cruel de una vil traición
que dejo de luto mi alma...
Negándole en la vida
creer en otro amor...

COMENZAR

Cuando nuevamente estemos juntos,
volveré a ser feliz,
cantará mi corazón,
te tendré entre mis brazos,
brillarán mis ojos,
y te tendré en mi regazo…

Volveremos a empezar
sin recordar el pasado…
Nos volveremos a amar
y soñaré entre tus brazos…
Yo seré siempre tuya,
tú serás siempre mío…
Nos amaremos siempre, siempre
y ese será nuestro destino.
Día a día, noche a noche…
amarnos, hasta perder el sentido…

COMO ME ARREPIENTO

Como me arrepiento
haberte conocido,
si has sido tú, el que más me ha herido...
despertando un amor
que estaba muy escondido.

Si nunca me amaste,
¿porque me enamoraste?
ilusionando mi alma
para luego destrozar
sin piedad mi corazón...

Hoy me arrepiento
de haberte conocido,
pero seguiré queriéndote
aunque no lo merezcas...
Porque sé que la vida
te cobrará tanto dolor
que dejaste en mi interior...

Me arrepiento, me arrepiento
te quiero...te quiero
aunque por ti se va
destruyendo mi anhelo
ya que cuando uno ama, lo hace hasta el fin
porque el corazón es el que ama y siente,
aunque entregue todo su vivir...

COMO MERECES TÚ

Yo sé que tu alma
llora de tristeza...
Yo sé que tu corazón
ha dejado de latir...
Yo sé que has amado
como nunca quisiste...
y sé que te han herido
por haber amado así...

Pero nunca pienses
que el amor es amargo,
solo porque tienes
roto el corazón...
Trata de olvidar ese cruel desengaño
que algún día te amaran
como mereces tú...

CONFESIÓN

Quiero que tú sepas
lo que siento yo por ti
porque no puedo ocultar
este amor que vive en mi...

Perdona que te quiera
con todo mi sentir,
pero ya no soporto
no podértelo decir...

Pero tú no me culpes
por este amor sin fin...
Ya sufro yo bastante
con quererte solo a ti...

Corazón De Mariposa

Tu amor es mariposa
que va de flor en flor
y aunque tú no lo aceptes
me llevas en tu corazón...

Corazón que está luchando
por librarse de mi amor
y que corre por tus venas
y alborota tu pasión...

Pasión que se esconde
detrás de tu corazón...
y aunque quieras engañarlo
es más grande tu amor...

Amor que llevarás
clavado en tu piel
y por siempre sentirás
aunque en brazos de otra estés...

CORAZÓN HERIDO

Tienes en tu alma
una herida muy grande,
y temes tu amar
y que no te amen...

Pero tienes que saber
que todos hemos sufrido,
por un amor muy grande
y que nunca hemos tenido...

Algún día encontrarás
quien te ame con locura,
y ese día olvidarás
a quien te hirió de más...

Volverás a sonreír
volverás a ser feliz,
y así comprenderás
que el amor es así...

CORAZÓN

Corazón, porque sufres por aquel
que te engaño contándote mentiras
y haciéndote creer en un amor
que nunca existió...

Corazón, ya no sufras y enfrenta tu dolor,
ya que él no merece tu corazón...
Porque amar cómo tú amas
jamás lo encontrará,
y así pagará toda su traición...

Corazón, ya no sufras y entierra ese amor
y no pierdas la esperanza de que un día
encontrarás otro corazón que te ame
y te valore y te entregue su amor...

Y en ti revivirá ese sentimiento
que llevas en tu corazón,
y que valdrá la pena sentirlo
por aquel que también te amo...

Corazón, Porque Sufres

Corazón, porque sufres
un amor no correspondido,
si siempre has sabido que es imposible
lo que has sentido...
Ama, siente y sueña
con lo que nunca has tenido
y que la vida te lo ha traído
como un sueño perdido
que te ata a la vida
sin futuro y sin sentido...

Corazón porque sufres
si apenas has conocido,
al que despertó en ti
esos sentimientos escondidos,
que hoy te hacen sentir
el corazón encendido...
con la pasión de un amor
que llevas muy escondido
dentro de tu ser
y jamás podrás decirlo...

Corazón porque sufres
ese amor desmedido,
por aquel que nunca ha podido sentirlo
y que tú llevarás dentro de tu ser...
hasta el infinito...

CUANDO

Cuando ha de acabar
este martirio...
Sonándote a cada instante
que eres mío...
Sin embargo,
sé que estas tan lejos...
y vivir sin ti no puedo...

Quisiera gritar a los cuatro vientos
que eres mi amor y mi consuelo...
Mas yo no puedo hacerlo
y sigo sufriendo en silencio...

Cuando llegará ese día
que podré tenerte sin miedo...
Para poder quererte y adorarte
y gritar a los cuatro vientos:
Te quiero...te quiero...te quiero...

DECISIÓN

No quiero en la vida
Volver a sentir ese sentimiento
Que un día me envolvió
Entregando mi alma,
Cuerpo y corazón...

No quiero sufrir otra vez
Y no es por cobardía esta decisión,
Ya que en mi vida aprendí
Que el amor sincero
Nunca ha de existir...

Es por eso que mi pobre corazón
Huye atormentado
Porque no quiero vivir
Lo que aquel gran amor
Le hizo sentir...
Dejando en su alma
Desdicha y dolor...
Comprendiendo que nadie
Merece sufrir
Y menos por amar
A quien no merece mi amor...

Déjame Quererte

Yo sé que tú has sufrido
un cruel desengaño,
por una mala mujer
que no supo amarte...
Pero yo te ofrezco
un amor desmedido,
y quiero hacerte olvidar
ese cruel querer...

Déjame quererte,
como no te han querido...
Déjame penetrar
en tu amargo corazón...
Déjame enseñarte
lo que no has vivido...
Déjame ayudarte
a creer en el amor...

¿Desde Cuando Te Quiero?

Cuando te conocí,
nunca pensé quererte así...
Siempre domine mis sentimientos
para no sentir esto que siento

¿Desde cuándo te quiero?
yo quisiera saberlo
para haber evitado
tanto sufrimiento...
Y haberte amado desde
hace mucho tiempo...
Pero mi corazón no quiso
reconocerlo y ahora sufro
tu gran resentimiento...

Por no haberte demostrado
todo este sentimiento
que siento dentro de mi pecho
y que me agobia porque
no te tengo...
¿Desde cuándo te quiero?
yo quisiera saberlo...

DESENGAÑO

Hoy me lastimaste
con tu cruel desengaño,
después de haberme dicho
que me amabas a mí...
Porque me ilusionaste
si tú no me querías...
Porque tú permitiste
que te amara así...

Porque no me arrancas
este amor por siempre...
Porque no me destruyes
y me dejas así...
Soñando con tus besos,
soñando tus caricias,
sabiendo que más nunca
podrás amarme a mí...

DESTINO CRUEL

Porque será que la vida
me traiciona a cada momento
cuando encuentro un amor
que no debo quererlo...

Siempre que he soñado
todo lo he perdido
y mi alma sufre
y llora como un niño...

Porque estoy sintiendo
un amor desmedido...
Porque estoy queriendo
como nunca he querido...

Solo he conseguido
de la vida mil castigos,
pero seguiré soñando
ser feliz contigo...

Despedida

Ahora me doy cuenta
lo falso que fue tu amor...
Me engañaste como a un niño,
lastimaste mi corazón...

Por quererte, luche contra el mundo.
Por adorarte llore con dolor,
más hoy pagas con traición
todo lo que mi amor sufrió...

Hoy no puedo arrepentirme,
por lo que mi corazón sintió...
pues fue un amor tan limpio y puro,
que no te puedo guardar rencor...

Y aunque con mi amor tú jugaste,
te deseo de todo corazón
que en la vida nunca pagues
lo que tú me hiciste hoy...

Es por esto que te escribo
mi triste y ultima poesía,
para que nunca olvides
de cuanto yo te quería...

Continúa en la próxima página...

Ya que nunca me creíste
que eras tú, el alma mía.
Dime tú...¿cómo es posible
escribir como yo lo hacía?

Pues para ser poeta
se necesita amar con locura...
También reír, llorar y sufrir
y así expresarlo con una pluma...

Y con esta me despido
para siempre, vida mía...
pues sé que nunca jamás
te dedicarán otra poesía...

DUDA

No hay palabras en este mundo
que yo pueda encontrar
para expresar esto que siento
mas no lo puedo callar...
Pues late aquí en mi pecho
y esa es mi realidad...
Te quiero...te quiero de verdad...

Mas sé que tienes miedo
de amarme tú igual
porque no quieres creer
que haya nacido en mí
un amor tan grande
y que sea para ti...

Pero no dudes, alma mía,
de este amor por ti,
pues cómo crees posible
que pueda yo escribir
que eres tú mi luz, mi estrella
y todo mi existir...

El Amor

No juegues con el amor
pues algún día tú tendrás,
que amar a una mujer
que mal te pagará...

El destino te ha de cobrar
tus juegos con el amor,
y algún día sufrirás
como sufren muchos hoy...

Así comprenderás
que el amor es sagrado,
que no se debe jugar
con lo que Dios nos ha dado...

El Primer Día

Vida, no sé porque
te cruzaste en mi camino,
si sabes que no eres para mi...

Te quiero desde el primer día
y tu amor me hace sufrir...
Pero, aunque sufra, llore y calle,
siempre mi amor será para ti.

Encuentro

Hoy he vuelto a encontrar
la ilusión que un día perdí,
y quiero amarte a ti
y que me quieres tú igual...

Es por eso que estos versos
te los dedico a ti,
para que tú sepas
lo que siento yo por ti...

Quiero llenarme de ti
para volver a vivir...
Quiero sentirte mío
y poder ser de ti...

ENSOÑACIÓN

Fácil me ha sido quererte
difícil me será olvidarte,
porque ya no podría
vivir sin recordarte...

Mi amor me hace presa
de todo este dolor
y aunque tú no me quieras
soñaré con tu amor...

Me soñaré en tus brazos
que me amas con pasión,
y aunque me martirice
te adoraré como a un dios...

Entrega Pasional

Fue una noche de enero,
tan fría como el invierno
en qué te entregue a ti mi alma,
mi vida y mi cuerpo...

Fue una noche muy oscura y sin luna en el cielo,
cuando nos entregamos y temblaron
nuestros cuerpos.
Entonces comprendí que
nacimos para querernos...

En nuestro despertar,
pensé que todo había sido un sueño,
y al quererte preguntar
sellaste mis labios con un largo y tierno beso estremeciéndose
nuestros cuerpos
y burbujeando por el deseo
de entregarnos a la pasión,
estrechaste todo mi cuerpo
y fuimos uno solo en alma, vida y cuerpo...

Ahora quiero que me digas
si todo esto fue cierto...
Que temblaste entre mis brazos
y también junto a mi cuerpo...
Que me distes tu alma y tu corazón entero...
y al igual que yo, te di todos mis sentimientos...

Esta Noche

En esta noche lluviosa,
te recuerdo mucho más...
Y siento todos tus besos
y tú forma de mirar...

Y al saber que no estás conmigo,
me entristezco una vez más...
pero sé que tú me quieres
y jamás me olvidarás...
Y pensando en tu cariño
siento amarte mucho más...

Este Amor

Tus besos queman mis labios,
tus caricias queman mi piel...
Que agonía la que siento
porque no te puedo tener.
Agonía que me mata al saber
que eres de otra sabiendo que me amas,
aunque solo sea un poco...

Recuerda, vida mía,
que no se puede morir un amor
tan grande y puro tan solo por dolor...
ya que este purifica
nuestro inmenso y gran amor...

Hoy, por ti, soy poeta
porque tú has sido mi inspiración
pero tu olvido me ha obligado
a decirle a mi corazón,
que se esfuerce en olvidarte
porque no quieres mi amor...

Este amor que sufre y calla por ti...
que eres mi adoración,
porque el amor todo lo aguanta
hasta desangrarse de pasión...
Esto es lo que yo siento al no tener
tu amor...

FALSEDAD

Hoy siento mi corazón llorar
por una pena muy grande...
Porque sabe que en esta vida
nadie se acuerda de él...
Porque sabe que los amigos
solo vienen por interés...
Porque sabe que en el mundo
solo hay martirio y padecer...

Porque hoy me encuentro sola
y me quieren destruir...
Porque no tengo una mano
que me ayude a seguir...
Porque solo he encontrado
engaño y falsedad...
Porque sé que este mundo
jamás ha de cambiar...

Es por eso que hoy lloro
porque no puedo aceptar
que esta vida toda es falsa
y esa es la realidad...
Porque tengo que vivir
rodeada de maldad...
Porque tengo que cuidarme
de tanta falsedad...

GORRIÓN

Gorrión de mis ensueños
dueño de mi corazón...
Porque te llevas en tus alas
las primicias de este amor...

Si sabes que te quiero
con alma, vida y corazón...
Porque vas buscando el néctar
de tu amor en otra flor...
Si yo te ofrezco lo que tengo
y mucho más, mi amor...

Abre tus alas al viento
y sentirás el palpitar de mi corazón...
porque es tan grande lo que siento
que atraviesa tierra, mar, cielo y sol
hasta llegar a tu nido
buscando el calor de tu pasión...

Gorrión de mis ensueños,
dueño de mi corazón...
porque te llevas en tus alas
el dolor de este amor...

GRACIAS TE DOY, MI DIOS

Gracias te doy, mi Dios,
por haberme permitido conocer
a un hombre que sabe ser amigo...
Que sabe sonreír y también sabe llorar
y siempre mira al mundo
con mucha humanidad...

Gracias te doy, mi Dios,
por haberme permitido hacer
mi labor día a día junto a este amigo mío...
Porque sabe compartir mis angustias,
mis penas, porque sabe alegrarme
cuando tengo una tristeza...

Gracias te doy, mi Dios,
por haberme regalado una amistad
tan pura y que siempre había soñado...
Por haberme permitido conocer
a Julio en mi trabajo...
Por saber que en este mundo
hay dos personas que soñamos
con un mundo limpio y puro,
y que anhelamos encontrarlo...

Dedico este poema a un gran amigo mío.
Aunque tengo poco tiempo de conocerlo, sé que
comparte algunos de mis sueños, como la poesía.

HAS LLEGADO TARDE

Tu amor ilumino mi vida
al encontrarte un día en mi camino...
He pasado tantas horas
muy felices contigo...
Y me has hecho mujer
entre tus tiernos brazos...

Es por esto que te quiero,
que te quiero tanto...
y jamás podré olvidar
tu gran encanto...
Pero sé que nuestro amor
es imposible y que nunca podré
tenerte a mi lado...

Has llegado tarde a mi vida
y sé que pagaré con llanto,
el haberte entregado mi corazón
y el haberte amado tanto...

HASTA EL FIN

He querido olvidarte
pero no he podido...
He querido matar
este amor desmedido...
Y al pensar en ti
renace en mi alma,
ese loco afán
de amarte hasta el fin...

Quisiera borrar
este amor de mi alma...
Enterrarte para siempre
y volver a vivir...
pero tu recuerdo
me persigue por siempre
y al querer odiarte
te amo mucho más...

HE DE OLVIDARME DE TI

He de olvidarme de ti,
te lo juro...
Porque tú me has hecho sufrir...
Porque tú me has hecho llorar
y siempre te reíste
de este amor sin igual...

He de olvidarme de ti,
te lo juro aunque tenga que
arrancarme este corazón
que ardiendo sufre las heridas
que tú le vas haciendo...

He de olvidarme de ti,
te lo juro...
Porque tú no mereces
que yo te esté queriendo...
Aunque tenga que morir
he de olvidarme de ti...

Hija Mía

Hija mía...
por ti, yo soy poeta
pues tú eres mi inspiración...
Por ti yo doy la vida
porque tú eres la causa
de todo este amor...

Has surgido en mi ocaso
cuando más te necesitaba,
y has logrado en mi vida
lo que nunca esperaba...

Nunca olvides, hija mía,
que tú eres mi adoración...
Que sin ti me moriría
porque estaría sin tu calor...

Has llenado un vacío
que había en mi alma...
vacío lleno de llanto y dolor
que tú has aliviado
con tu infantil sonrisa
y me has dado todo
lo que mi vida soñó...

JAMÁS

Jamás has de olvidar
todo este amor que yo te di...
Jamás podrás pasar
tus noches lejos de mí...

Me llevas en tu sangre
y en tu corazón...
Y nunca has de encontrar
que te quieran como yo...

Es por eso, vida mía,
que no podrás dejarme nunca...
Es por esto que te quiero...
que te quiero con locura...

JUVENTUD

Te entregué mi juventud,
te entregué mis alegrías...
Te di mis ilusiones
y toda el alma mía...

Me prometiste tantas cosas
y todas las creí...
y hasta hoy solo me has dado
martirio y sufrir...

Por eso es que te odio
como antes te ame,
porque destruiste una rosa
acabada de nacer...

Pero sé que mientras viva,
tú jamás me olvidarás...
porque mi recuerdo contigo
para siempre estará...

La Vida

Nunca pienses que la vida
no vale la pena vivirla.
Siempre hay por quien luchar,
siempre hay a quien amar...

Por eso hay que vivir
pensando en el amor
porque si falta él
destruimos nuestra ilusión...

Siempre hemos de amar
aquello que anhelamos,
y debemos conseguirlo
aunque nos cueste caro...

Es por esto que vivimos
y sufrimos a la vez,
porque ha de triunfar siempre
aquel que no se deja vencer...

LEJANÍA

Lejos de ti me encuentro
por las cosas de esta vida,
pero te sigo queriendo
con alma, corazón y vida...

La distancia nos separa
pero tu amor está conmigo...
y te seguiré amando
aunque me cueste la vida...

Yo espero que algún día
nuestras almas estén unidas...
y que nos sigamos queriendo
con alma, corazón y vida...

Llegaste Tarde A Mi Vida

Llegaste tarde a mi vida
y en este mi penar siento
que me ahogo sin poder respirar...

Porque te encontré en mi camino
si es muy tarde ya tener sueños contigo
con tanto amor y pesar,
porque en el ocaso de mi vida
tú no podrás estar...

Cómo me duele decirte
que a mi lado nunca estarás,
porque aunque me ames como te amo
nuestros caminos muy separados están...

Llegaste tarde a mi vida,
y siento que este dolor profundo
consumiéndome está...
Sintiendo y pensando que juntos
jamás podríamos estar...

Ya que mi vida pronto se irá...
pero seguiré soñando
con este amor secreto,
que conmigo siempre estará...

LLORARÁS

Aunque tenga que morir
para olvidarte...
aunque tenga que llorar
por este amor...
seguiré mi camino
en cualquier parte
y arrancaré de mi alma
este dolor...

Aunque lejos me encuentre
te maldigo...
por herir sin piedad
mi corazón...
por reírte de este amor
que fue tan loco...
por amarte con locura
y con pasión...

Aunque solo
tú has vuelto a revivirme...
te odiaré para siempre
y con razón...
y cuando quieras encontrar
un gran cariño...
llorarás por este amor
que te olvidó...

MADRE

Madre...
no existe amor más profundo
como el que tú me das,
y yo quisiera ofrecerte
un mundo lleno de paz...

He lastimado tu pecho
y hoy de eso me arrepiento
porque ahora he comprendido
que tu amor es el más sincero...

Ahora nunca olvido
que eres tú lo más supremo...
Que amor como el tuyo
jamás he de tenerlo...

ME ROBASTE EL CORAZÓN

Cómo podré olvidarte,
si me robaste el corazón...
Cómo podré echarte,
si vives dentro de mi...
Dime amor mío,
cómo vivir sin ti...

Me enseñaste a quererte
pero olvidaste enseñarme
cómo arrancarte de mi ser...
Siento tu mirada que penetra mi piel
y siento que me ahogo
porque no te puedo ver...

Cómo podré olvidarte
si me niego a creer
que fui un pasatiempo en tu vida
y jamás podré tener
ese amor que anhelo
y que jamás tendré...

Dime, vida mía,
de qué manera te olvido
sin tener que sufrir
esta realidad tan amarga...

Continúa en la próxima página...

que poco a poco está
matando la esperanza
que un día sembraste en mi...

Cómo podré olvidarte,
si día a día te encierras dentro de mí
causándome este dolor que lastima
y matando la ilusión
que nació en mi...

Creyendo en un amor
que solo me dio lágrimas
y destrozó mi corazón...
Cómo podré olvidarte...
dime cómo...

Me Enseñaste

Me enseñaste en la vida
todo cuanto se...
Me enseñaste a reír
y también a soñar...
a disfrutar de un tierno beso
y de tus caricias sin maldad...

A mirarnos a los ojos
y hablarnos sin hablar,
pero lo más importante
es que me enseñaste a amar...

A desear tus caricias,
tus besos y tu amor,
con las mismas fuerzas
que me diste un día
tu amor y tu pasión...

Me Sale Del Alma

Nunca te he escrito
con tanta tristeza y amor,
pero me ha salido del alma
abrirte mi corazón.

Para que algún día me recuerdes
sin amargura, ni dolor...
Solo quiero que recuerdes
lo que dice mi corazón,
que te amo como nunca...
mi amor...

MIEDO

Porque tienes miedo
de amarme con locura,
si sabes que te quiero
con toda mi ternura...

Porque no te arrancas
del pecho esa duda,
y me dejas que te quiera
con toda el alma mía...

Porque tú no olvidas
tu triste pasado,
y dejas que te enseñe
cuanto te estoy amando...

MI AMOR

Nació mi amor por ti
una mañana hermosa
y he vivido para ti
desde que te conocí...

Tu amor se ha llevado
todas mis congojas,
y te he querido tanto
que me siento morir...

Sin ti, no podré vivir
más tu amor me hace sufrir...
pero te sigo esperando
hasta que tú me ames a mi...

Mi Amor Por Ti

Quisiera que algún día
tú me ames...
y poder sentir yo,
el calor de tu ternura...

Quisiera demostrarte
lo que significas para mí,
susurrarte al oído
lo que siento yo por ti...

Quisiera abrazarte
y hacerte sentir,
el amor tan grande
que tú has hecho
renacer en mi...

Mi Calvario

Mi calvario y mi sufrimiento
es haberte conocido,
pues desde que te vi,
olvidarte no he podido...

No sé porque tanto te he querido
si ni una mirada tuya
tan siquiera he tenido...

Olvidarte no podré
aunque deje de vivir,
pues aunque tú pienses en otra...
mi pensamiento será para ti...

Mi Realidad

Soy como pájaro herido
qué triste y solo va volando...
Que quiere encontrar un nido
y jamás ha de encontrarlo...

Soy como un peregrino
que a ningún lado ha de llegar...
que sigue su camino
para encontrar su final...

Soy aquella rosa
que perdió su color...
Que siempre ha estado sola
y muere de desolación...

MI LOCO AMOR

Tú has llenado mi vida
Con un cariño sincero,
Pero aunque diga "te quiero"
Tú nunca me creerías...

He sufrido tanto
Que he perdido la fe,
Pero por tu cariño
No sabría qué hacer...

Has hecho revivir en mi
El amor desmedido,
Que un día había perdido
Por haber amado así...

Un amor que ha renacido
Muy dentro de mi ser...
Y que alumbra mi camino
Para volver a querer...

Nunca olvides vida mía
Que tú eres mi adoración,
Que sin ti me moriría
Porque me faltaría tu amor...

MI RECUERDO

Mi recuerdo llevarás
clavado en tu memoria...
Será como un castigo
que jamás olvidarás...

Por lo mucho que lloré,
por lo mucho que sufrí...
Seré una sombra en tu vida
y jamás serás feliz...

Mi recuerdo llevarás
para siempre en tu memoria,
y así comprenderás
a quien te amo de más...

Mi Sino

El día que nací yo
una mala estrella había
y será mi destino,
llorar noche y día...

En mi vida no he encontrado
un cariño verdadero,
pues cuando he dicho "te quiero"
siempre me han traicionado...

Mi vida es como la ola
cuando llega al arenal...
se retira siempre sola
para volver a empezar...

Me siento triste y sola
porque sé que mi final,
se acerca día a día
como una estrella fugaz...

MI SUEÑO DORADO

He logrado mi sueño dorado,
sueño que he ansiado por siempre...
el tener una hija que me quiera tanto
y quererla yo como nunca he amado...

Has sido tú, mi sueño dorado,
y has hecho renacer en mi
un corazón de antaño...
con tu amor, que ha sido mi vida,
y esa ternura que siempre había ansiado...

Gracias, hija mía, por llamarme "mamita"
y haber revivido un corazón destrozado...
Gracias por haberme querido,
y ser la hija que siempre he soñado...

MIS SUEÑOS

Te busco en mis noches
y no estás conmigo...
Te siento en mis brazos
y no te tengo...
Siento tu cuerpo
temblar en el mío...
y al soñarte así
yo me despierto...
y al despertar
de mi dulce sueño,
lloro como niña
porque no te tengo...

Qué triste es amar
a un imposible,
con un amor tan grande
que destruye mi pecho...
Pero te seguiré queriendo
aunque jamás te alcance...
y te seguiré soñando
aunque muera de sueños...

NECESITO

Necesito de tus besos...
necesito de tu amor...
necesito tus caricias
y me des todo tu calor

Yo seré siempre tuya
al igual mi corazón,
pues nací para quererte
aunque no quieras mi amor...

Este amor que se desangra
poco a poco y con razón
pues herí tus sentimientos
y te cause mucho dolor...

Perdóname, vida mía,
por todo mi error...
y recuerda que te llevo
clavado en mi corazón...
y será como un castigo
el vivir sin tu amor...

Necesito Olvidarte

Necesito odiarte
para lograr olvidarte...
Necesito arrancar
esto que siento por ti...
Necesito curar la
herida que dejaste...
Necesito entender
que no me quieres a mi...

Pero yo no puedo odiarte, vida mía,
y este amor que siento
seguirá latiendo en mi...
Ayúdame a borrar
la herida que me hiciste
o mátame si puedes
para no sufrir así...

No Lo Puedo Decir

Tú llegaste a mi vida
causándome dolor,
por este amor imposible
que nunca se apagó...
y me dejo el alma
llena de fuego y pasión...

Porque te cruzaste en mi camino
si no eras para mi...
y hoy matas la ilusión que hiciste
crecer en mi...

Según te conocí,
porque no matas este fuego
que siento que me hace sufrir
y que hiere mi alma
cada día más y más...
siento que me ahogo
y no lo puedo decir...

No Me Importa

No me importa que te rías
de esta declaración
pues será el último poema
que escriba con el corazón...

Porque aunque a mi amor renunciaste,
nunca nadie te amará
como lo hice yo...
y eso lo demuestro
en este último adiós...

Porque para escribir
hace falta amar de verdad...
con un amor profundo
y que no se pueda callar,
y escribirlo con palabras
para la eternidad...

No Podré

Ya no podré tener
el calor de tus besos...
Ya no podré sentir
el susurro de tu voz...
como cuando me decías
"mi chiquilla hermosa..."
Dime cómo podré vivir
si no tengo tu amor...

Cómo podré olvidar
tu eterna sonrisa,
cómo podré arrancar
tus caricias de mi piel...
Dime cómo es posible
borrar esto que siento...
Dime vida mía,
cómo puedo dejarte de querer...

No Quiero Enamorarme

No quiero enamorarme
para volver a sufrir
porque siempre que amo
no me quieren a mi...

He sufrido tanto
cuando amo así...
que tengo miedo amar
a quien no me ame a mi...

Me han herido tanto
que ya no sé qué hacer,
porque de tanto llorar
he perdido hasta la fe...

Quisiera yo encontrar
la ilusión que un día perdí,
para volver a entregar
mi corazón lleno de sentir...

No Quisiera Quererte

No quisiera quererte
porque sé que voy a sufrir,
ya que tu amor es de otra
y jamás será para mi...

Pero no puedo evitar
esto que va naciendo en mí,
porque tarde he comprendido
que no puedo vivir sin ti...

Yo sé que te amaré
toda la vida en silencio,
y sé que moriré
llevándome esto que siento...

No Sé Porque

No sé porque, no sé porque
me enamoré de ti
y porque debió ser así...
Porque te extraño tanto
que solo pensando en ti
puedo yo dormir soñándome
entre tus brazos...

No sé porque, no sé porque
me enamoré de ti
y porque debió ser así...
Porque solo vivo soñando
que me besas con tus tiernos labios...
Que me haces tuya
y en un tierno abrazo nos amamos
como nunca lo habíamos soñado...
Y es por eso que te quiero tanto...
porque me enamoré de ti...
y eso...sin pensarlo...

No Sé Qué Voy A Hacer

No sé qué voy a hacer
con este amor que quema
y que siento en el alma
como una cruel condena.

Mi amor lo he perdido
sin esperanza alguna
y no sé qué voy a hacer
para matar esta amargura...

Siento que me besa,
me abraza y me acaricia,
y en mi cuerpo siento
el fuego de sus caricias
y no sé qué hacer
para tenerlas de nuevo.

Siento que mi vida
se apaga lentamente,
porque este amor que tengo
me destroza poco a poco...

Continúa en la próxima página...

Un amor como este
no he sentido jamás,
así como lo siento
me destroza cada día más...

Tú eres ese hombre
de mi amor perdido...
Aquel que me enseñó
a sentirlo muy profundo...
A quedarse en mis entrañas
profundo...muy profundo...

No Soy Cobarde

No me llamen cobarde
por no querer sentir
el amor el cual un día
destrozó mi vida, mis sueños
e ilusión.

No es por cobardía
que cuido mi corazón,
es porque no quiero sufrir por amor...
porque ha dejado una huella
profunda en mi alma y corazón...

Cuanto quisiera yo curar mis heridas
para volver a soñar que me abracen...
Que me hagan sentir un amor verdadero
que penetre en mi alma
y me haga sentir aquel amor
que un día por traición yo perdí...

Y que hoy me permita poder revivir
lo que un día me hizo amar y vivir
y que ahora deseo volver a sentir
para darle a mi alma ansias de vivir,
para entregar mi alma
con todo este amor
que tengo dentro de mi...

No Soy Culpable

Porque me martirizas
sabiendo que te quiero...
Porque me haces sufrir
con tu mal proceder...
Porque me atormentas
y me dejas llorando,
si yo no tengo culpa
de amarte solo a ti...

Porque tú pretendes
que yo no te quiera,
si yo no soy culpable
de este amor sin fin...
Déjame amarte
aunque sea en silencio...
Déjame soñar que tu amor
solo es para mí...

No Sufras

Corazón...¿no te cansas de sufrir?
¿Porque has de querer a un amor
que no puede ser?
Si tú sabes que no te quiere,
¿Por qué sufres así?

Si ese amor es imposible,
¿Por qué estás llorando?
Calla y olvida,
no te martirices tanto...

Recuerda que la vida
te sigue esperando...
y en tu camino con espinas
encontrarás tu amor añorado...

No Te Niegues Al Amor

No te niegues al amor
que, aunque suframos por él,
es el más bello sentimiento.

No te niegues al amor
y deja que tu corazón
sienta lo que yo siento...
Amar no es un delito,
amar no es un pecado...
pecado es retenerlo...
El amor todo lo aguanta,
el amor todo lo espera...

No te niegues al amor
porque eso te causa pena,
al querer eliminar
lo más bello de tu senda...
que es amar y ser amado
toda la vida entera...

No te niegues al amor
que es lo que necesitamos,
que nos amemos para siempre
juntos toda la vida entera...

Nuestro Aniversario

Un día unimos nuestra sangre
como símbolo de nuestra unión...
y ese día fui muy dichosa
porque me entregaste tu amor...

Hoy se cumplen muchos años
que compartimos nuestro amor...
y contra todo hemos luchado
para que triunfe nuestra unión...

Un día como el de hoy,
no podría olvidarlo nunca...
Hoy se cumplen muchos años
de amarnos con locura...

Es por esto que te honro
con esta humilde poesía...
para que nunca olvides
que eres tú, la vida mía...

Nuestro Encuentro

Llegaste a mi vida
una mañana hermosa
y le diste a mi alma
ansias de vivir...
Y en ese mismo instante
en qué me miraste,
entregue a ti todo
lo que había en mi...

Nuestro amor es tan grande
que nada puede vencerlo...
porque el fuego inmenso
de nuestro corazón
llena nuestras almas
con tanto anhelo
y llena de pureza
nuestro gran amor...

OLVIDAR

He querido olvidarte
pero no puedo...
He querido matar
tu amor traicionero...
Pero es imposible arrancar
esto que siento,
porque lo llevo clavado aquí
dentro del pecho...

Tengo que aprender
que el amor es solo sufrimiento,
y no volver a sentir
esto que yo siento...
porque amándote
cómo te quiero,
voy destruyendo mi vida
sin ningún consuelo...

OTRA NOCHE

La noche que fui tuya
te sentí temblar en mi...
y me amaste sin fin
con amor y con locura...

Fue esa noche, vida mía,
más hermosa que ninguna...
te metiste muy dentro de mi
y no has podido salir nunca...

Yo quisiera repetir
otra noche como esa...
para poderme sentir
transportada a las estrellas...

No me niegues, amor mío,
morir como una reina...
No me niegues otra noche,
otra noche como esa...

Pensando En Ti

Hoy estoy pensando en ti
como lo más hermoso
que se ha cruzado en mi camino
y que no podría perderlo...

Tú eres mi ilusión,
mi luz, mi vida entera...
y ya no podría estar
sin contemplarte siquiera.

Por eso dedico estos versos a ti...
que eres mi estrella
para que siempre me alumbres
y estés conmigo tu vida entera...

PERDÓN

Dios mío, perdóname
por haber amado así...
a un hombre que era prohibido
y no era para mi...

Pero tú bien sabrás
que él me ha amado igual,
y aunque sea prohibido,
no lo podemos evitar...

Por eso te suplico
nos ayudes a los dos...
si no debemos querernos,
destruye nuestro amor...

Y si no te es posible
destruir nuestro amor,
ayuda a separarnos
por el bien de los dos...

PERDÓNAME

Perdóname mi vida
por no haberme dado cuenta
que entraste en mi alma
sin siquiera darme cuenta...
y te quedaste para siempre
como una hiedra...

Porque te siento en mi sangre
cuando corre por mis venas,
y sé que este amor será
como una gran condena...
que estará siempre conmigo
aunque tú no te des cuenta.

Y en mis noches
seguiré soñándote y amándote,
aunque sea para mí, una gran tristeza
el saberte tan lejos
y no poder sentirte cerca...

Mi alma siente
que este es mi gran pesar,
que te amo como nunca
y no lo puedo gritar...
Me ahogo con esta gran verdad
pues te amo con locura
cada día más...y más...

Porque...

Porque te amo
si mi amor es imposible...
Porque te quiero y sufro así...
Qué culpa tengo de amarte tanto
y haberte encontrado
tan tarde a ti...

Tú quieres a otra
más yo pertenezco a ti...
Que tragedia tan grande
estoy yo sufriendo,
amándote con el alma
y no poderlo decir...

Porque nuestras vidas
serán tan distintas,
si yo he nacido
para amarte así...
Porque nos encontramos
si no puedo quererte
si es tan prohibido
un amor así...

Por Que Eres Así

Porque eres así,
porque me hieres.
Te burlas y te ríes de mi
maltratando este amor
que siento yo por ti...

Porque eres así,
si sabes que sin ti
ya no podré vivir
Y te llevo en mis venas
como veneno que destroza
toda mi alma y mi sentir...

Porque eres así,
¿Es que nunca has amado
cómo te amo yo a ti?
pero algún día pagarás
todo mi sufrir...
y ese día reiré
igual que he llorado por ti...

Porque Me Enamoré

Porque me enamore de ti,
si no te debo querer...
porque te deseo tanto
si no serás para mi...

Porque si el amor es vida
a mí me hace sufrir...
Porque el destino me traiciona
y siempre me condena a mi...

Porque sueño con tus besos,
porque sueño con tu ser...
si para mí eres imposible
porque jamás me podrás querer...

Porque Llegaste Tarde

Llegaste tarde a mi vida
y nunca tú sabrás
que te amo con locura
y no te lo puedo expresar...

Este amor me martiriza
por lo imposible que es,
y muero cada día lentamente
sintiéndote que corres por mis venas
y destrozando mi corazón...

Noche y día estás en mi mente
y siento vibrar mi corazón...
pero cómo sufro sabiendo
que jamás podré tenerte, mi amor...

Porque llegaste tarde a mi vida,
si este gran amor me ahoga
y nunca lo podré decir...
Te llevaré siempre conmigo
y mi corazón por siempre será tuyo
aunque nunca lo podrás saber...
ya que no te lo debo decir...

Continúa en la próxima página...

Si no estás conmigo
te siento donde quiera que miro...
Te veo...

Como podré vivir
con esto que siento...
te amare por siempre
y serás en mi sueño
de algún día poderte decir...
cuanto, cuanto te quiero...

QUE CULPA TENGO YO

Qué culpa tengo yo
el haberte querido,
si tú mismo me enseñaste
a amarte...
Qué culpa tengo yo
el haber sufrido,
si no me enseñaste
a olvidarte...

Qué culpa tengo yo
el haberte querido,
si en cada beso
te entregabas todito...
Qué culpa tengo yo
el haberte creído,
y no ver en ti
al que hoy me ha herido...

Qué culpa tengo yo
el haberte querido,
si me jurabas un amor
que nunca habías sentido...
Qué culpa tengo yo
el haberte entregado,
un amor que era
tan puro y tan sagrado...

Que El Mundo Sepa

Quiero que el mundo sepa,
de nuestro amor sincero.
Quiero que el mundo sepa
lo que es amor verdadero
como es el nuestro...
que ilumina día a día
nuestros senderos...

Nuestro amor será eterno
porque vive en nuestros corazones
y ha podido vencer así
todos los rencores...

Quiero que el mundo sepa,
de nuestro amor sincero...
para que nunca olvide
que existe el amor
puro y verdadero...

¿Que Es El Amor?

El amor...¿qué es el amor?
Es el sentimiento
más hermoso y puro
cuando es verdadero...
El que une a dos seres
con un amor sincero...
Que crece cada día
y así va fortaleciendo los lazos
que los une en sus corazones tiernos...

El amor...¿qué es el amor?
Es un sentir que corre por tus venas
y llega al corazón sin que te des cuenta
y lo hace latir aunque no te quieran
y puede destruirte aunque no quisieras
demostrando así lo profundo que era...

El amor, el amor, el amor...
No podemos vivir sin él
aunque nos hiera...
pero es mejor sentirlo
que morir sin conocerlo...
Amor...cuanto te extraño...
aunque me duelas...

Que Lindo

Que lindo es querer como te quiero,
que lindo es amar como te amo...
pero más bello es sentir como yo siento
cuando hacemos el amor...

Te siento en mi piel
como en mi corazón
cuando me das un beso
y me llenas de pasión
que envuelves mis sentidos
y pierdo la razón...

Que lindo es querer como te quiero...
Qué bello es amar como te amo yo,
por eso, vida mía, me entrego
a ti sin condición alguna...
te amo ahora y siempre...

QUE PUEDO HACER

Qué puedo hacer
para sacarte de mi alma
sí solo tu recuerdo
me hace temblar,
recordando tus besos
y tú dulce mirar...

Tu recuerdo vivirá
eternamente en mi alma,
pensando que fuiste mío
y también te perdí...
Pero viviré con la esperanza
de tenerte algún día
y volver a vivir
nuestra entrega sin fin...

Con la misma pasión
que pudimos sentir cuando afloró este amor
y que siento yo por ti...
y ahora me ahoga sin poderte decir
lo que tengo reprimido
sin hacértelo sentir...

Pero viviré del recuerdo
de esa noche tan profunda y tan sublime...
que quema mis venas
la pasión y el amor que entregamos los dos...

¿QUE SI TE AMO?

¿Que si te amo? Con toda mi alma...
¿Desde cuándo? No lo sé...

Solo sé que te extraño
como nunca en mi vida,
y que deseo estar siempre junto a ti...
Amarte como nunca he querido...
Desearte como a nadie jamás...

Besar tus tiernos labios
y en ese beso hacerte sentir
todo el amor que por ti siento...
Y de solo pensarlo
me estremezco sintiéndote en mi...

¿Que si te amo con toda mi alma...?
¿Desde cuándo? No lo sé...
Solo sé que te amo
y que te llevo conmigo,
junto a mi corazón que esperará
siempre por ti...

¿Quién Destrozo Tu Amor?

Como paloma errante,
vagas por el mundo, triste y solitario
sin ningún amor...
llevando una vida
que sabes que no es vida...
tratando de arrancar
la espina que te hirió...

Quien borró de tus labios
la sonrisa tan divina...
Quien mato las ilusiones
que un día tú sentías...
Quien como puñal
sin piedad y sin dolor
destrozó toda tu alma
y te robo el corazón...

Cuanto anhelo
curar yo esa herida...
Penetrar en tu mundo
y hacerte feliz...
Borrar todo tu pasado,
llenarte de ilusiones...
Perdernos en un mundo
donde solo estemos tú y yo...

QUIERES

Yo sé que tú me quieres,
tú sabes que yo te amo...
hagamos el amor
y volvamos a intentarlo...
entreguémonos completo...

Hazme el amor
cómo solo tú sabes hacerlo
y seamos sinceros,
porque amándonos como nos amamos
me sentiré tuya
y transportada al cielo...

Ámame más que antes,
siénteme como te siento...
Yo soy tuya tú eres mío
y nuestro amor es lo primero...

Hagamos el amor
y juntemos nuestros cuerpos,
en una entrega sin fin
y con un amor eterno...

Quiero Vivir Por Ti

La vida me ha enseñado
siempre su lado amargo...
pero también me concedió
amar como nunca he amado...

Te quiero más que a mi vida,
te siento muy dentro de mí...
qué más puedo pedirle a la vida
si te tengo junto a mi...

No importa haber sufrido tanto
sí al fin estas junto a mí,
pues este amor es lo más grande
que he podido yo sentir...

Ahora no importa que la vida
se quiera reír de mi
porque te tengo tan cerca
y solo sé que te amo con loco frenesí...
y que para ti, solo quiero vivir...

QUISIERA SER

Quisiera ser la rosa
que cultivas en tu jardín,
y poder ser de ti
cada vez que me tocas...

Quisiera ser la estrella
que alumbra tu camino,
y no separarme de ti
porque yo te necesito...

Quisiera ser la sangre
que corre por tus venas,
y poderte acariciarte
cada vez que yo quisiera...

Quisiera ser golondrina
para llevarte en mis alas,
y enseñarte mi mundo
y que siempre me amaras...

Quisiera ser todo aquello
que tú pudieras sentir...
y estar cerca de ti
para que siempre me amaras...

RECUERDOS

Cuando siento
mi corazón llorar,
trato de olvidar
mi desengaño...
Cuando me encuentro
con un nuevo querer,
me hace recordar
tu amor frustrado...

Y así mi vida va pasando,
sufriendo y llorando...
tratando de olvidar
mi amor soñado...

Cuando tu recuerdo
viene a mi memoria,
renace aquel pasado
que juntos disfrutamos...
y hace revivir en mí
todo aquel amor
que solo yo sentí...

RENACER

Está renaciendo en mi
una ilusión muy grande,
que me llega al corazón
y lo hace latir...

Es el sentimiento
más bello de esta vida,
y que un día perdí
por haber amado así...

No quisiera querer
para volver a sufrir,
pero no puedo evitar
este sentimiento en mi...

Yo quisiera que me amaran
con un amor sin fin...
y poder entregar todo aquello
que pueda quedar en mi...

Resentimiento

Porque quieres tu negar
todos tus sentimientos,
y prefieres vivir
con mucho resentimiento...
Si es más fácil amar
y entregarse entero,
al más grande sentimiento
que mueve al mundo entero...

Y ese es el amor,
qué es lo más grande que tenemos...
Por eso te pregunto
¿cómo puedes tu vivir
con tanto miedo?...
Viviendo en el pasado,
sin querer dejar salir
esos sentimientos
que llevas en el alma...
Aquí yo te espero
para amarte y adorarte...
Ese es mi gran anhelo...

SABRÁS

Si pudieras penetrar
en mi triste corazón,
verás lo lastimado
que se siente, por ti, hoy...

Sabrás que yo te quiero,
verás que por ti sufro,
que todo mi cariño
será solo tuyo...

Sabrás que no podré
arrancarte de mi alma,
que siempre te amaré
sin ninguna esperanza...

SENTIDOS

Nunca pensaste
que tú inspirarías
este gran amor
que siento hoy por ti...
que inspira mi alma
a escribirte en versos
lo feliz que soy
al pensar en ti...

Este amor que siempre
tuve escondido,
porque no quería
llegar a amar así...
pero ha sido más fuerte
que todos mis sentidos...

Yo quiero en este escrito
poderte decir...
que te amo, vida mía
por mi bien o por mi mal...
has sido tú en mi vida
como gota de rocío,
que refresca la mañana
de mi soledad...

Continúa en la próxima página...

Traspasando mi alma,
doblegando mis sentidos...
quedando desarmada
ante el amor que siento por ti...

Ámame, ámame
como tú solo sabes hacerlo...
con tanta intensidad
hasta que me subas al cielo...

Ámame, ámame
como si nunca más fueras a hacerlo...
hasta que me entregues
tu alma y tu vida entera...

Sentimiento

No quiero yo sentir
este amor por ti,
pero no puedo evitar
esto que nace en mi...

Este sentimiento
es solo para ti,
y ya no tengo dudas
de que para ti nací...

Este sentimiento
ya no cabe en mí,
y quiero confesarte
que solo te quiero a ti...

SENTIR

Cuando estoy junto a ti,
siento tenerlo todo...
y tiemblo de emoción,
y se alegra mi corazón...

Pero yo sé que para ti
no significo nada,
y lloro en mis noches
por lo que siento por ti...

Es por esto que te escribo
con mi humilde corazón...
para que tú comprendas
lo que siento por ti hoy...

Si Por Amar

Si por amar me castigas,
hazlo toda la vida
porque te seguiré amando
aunque me cueste la vida...

Tu amor es más fuerte
que todos mis sentidos...
y con él me alimento
minuto a minuto...día por día...

Qué puedo hacer, amor mío,
si te siento aquí en mi pecho...
y es un gran castigo sentirte
y no tenerte en mi lecho...

Comprende, por favor,
vida mía, este martirio
que me castiga día a día...
y quisiera por fin decirlo
que te quiero con locura
y con toda el alma mía...

Sin Compasión

La vida me enseñó
a ser como soy...
malvada y con razón
por las veces que di mi amor
más siendo traicionado
en vías de otra ilusión...

Por cada herida
que mi alma recibió...
Por cada boca
que mentiras me habló...
Hoy siento que mi alma
no tiene compasión
por aquellos que dicen
amarme con devoción...

Por esas mentiras
que un día yo creí,
es que ahora no puedo
sentirme feliz...
ya que no puedo volver a sentir
el amor que un día
con ansias yo entregué
a un ser tan vil y tan cruel...

Sigues Siendo Mi Amor

Amor...amor de mi alma.
no sé cómo ni cuando
entraste en mi vida...
Solo sé que te amo, te siento
y te deseo con toda el alma mía...

Cuanto siento no haberte dicho
lo que significas en mi vida...
Solo añoro el día
en el que me digas
que me amas todavía...
y ese día lloraré,
pero de alegría...

Y continuaré amándote
hasta el fin de mis días...
Y moriré con tu nombre
enmarcado en mis labios
y con dulce sonrisa te diré
gracias...gracias mi amor...
por este sentimiento tan lindo
que ha iluminado todo mi ser...

Soledad y Tristeza

Mi corazón se siente solo...
mi corazón se siente triste...
por ti, que eres mi amor,
y nunca lo comprendiste...

Hoy siento mi soledad...
hoy lloro mi tristeza...
pero qué puedo hacer
si nunca me quisiste...

Yo te di mi vida,
yo te di mi amor,
y hoy solo has dejado
llanto en mi corazón...

Pero algún día tú sabrás
lo que es el amor,
y así comprenderás
lo que hoy sufro yo...

Solo Tú

Solo tú has hecho
renacer en mí,
esto que yo siento...
Solo tú podrás arrancar
este sentimiento...

Solo tú podrás salvarme
de todo este tormento...
Solo tú podrás amarme
como yo te quiero...

Solo tú, solo tú, solo tú...
es a quien quiero...
Solo tú, solo tú, solo tú...
has lastimado mi pecho...

SUFRIR Y LLORAR

Tanto sufrir por quererte,
tanto llorar por tu amor...
para hoy solo tener
herido mi corazón...

Cuanta amargura pase,
cuanto llanto y dolor...
para hoy solo decirme
que todo tu amor murió...

Pero quiero que tú sepas,
que te perdono de corazón...
y según te he querido,
te olvidaré sin rencor...

Soy

Soy como pájaro herido,
qué triste y solo va volando...
que quiere encontrar un nido
y jamás ha de encontrarlo...

Soy como un peregrino,
que a ningún lado ha de llegar...
que sigue su camino
hasta encontrar su final

Soy aquella rosa,
que perdió su color...
que siempre estuvo sola
y murió de desolación...

Soy como aquella flor,
deshojada por el viento...
Soy como aquel poema
que no tiene su final...

Soy como el agua
que corre sin rumbo...
Así me siento yo
porque no tengo tu amor...

Continúa en la próxima página...

Soy como aquel niño,
que crece sin cariño...
Soy como aquel ave,
que no sabe a dónde va...

Soy como aquel mar,
tormenta de pasiones...
solo por tu amor
que no podré olvidar...

TARDE

Tarde he llegado a tu vida,
porque quieres a otro amor con pasión...
y aunque sabes que te quiero con locura
jamás podrás quererme, como te quiero yo...

Tarde he llegado a tu vida,
y no puedo arrancarme este amor...
sufriré en silencio mi derrota,
buscaré olvidarte con otro amor...

Tarde he llegado a tu vida,
deseo que seas feliz con tu amor...
borraré de mi vida este tormento,
lucharé contra todo este dolor...

Te Lo Juro

He de olvidarme de ti,
te lo juro...
porque nunca me has querido
ni nunca me has amado...

He de olvidarme de ti,
te lo juro...
por lo mucho que he sufrido,
por lo mucho que he llorado...

He de olvidarme de ti,
te lo juro...
por este amor sin nombre,
por este amor destrozado...

He de olvidarme de ti,
te lo juro...
aunque muera de dolor,
aunque muera de tristeza...

He de olvidarme de ti,
te lo juro...
aunque tenga que morir,
pero he de arrancarme
este amor sin fin...

Te Olvidaré

Me conociste una niña
y me hiciste una mujer...
y hoy pagas con traición
todo el amor que te entregue...

Hoy maldigo hasta mi suerte,
por haberte amado a ti...
y por haberte entregado
lo más bello que había en mi...

Pero no importa que te ame,
con tan loco frenesí...
porque juro por mi vida
que he de olvidarme de ti...

Te Tengo

Te tengo tan cerca
y te siento tan lejos,
que de solo pensarlo
se lastima mi pecho...

Te tengo tan cerca
porque te veo...
pero te siento tan lejos
porque solo yo te quiero...

Te tengo tan cerca
porque te siento...
Te tengo tan lejos
porque no te tengo...

Te Tengo En Mi Mente

Te tengo en mi mente noche y día,
y mi respirar es pensar en ti...
Que me has hecho vida mía,
yo no puedo vivir sin ti...

Te tengo en mi mente,
te siento en mi pecho...
Te llevo en mi sangre
como si fueras reflejo
de este corazón
que te siente tan dentro...

Mi amor...
dime porque tanto te quiero,
si haces sufrir mi alma
y hieres mis sentimientos...
Si sabes que eres mi estrella
y mi lucero...

Dime porque estás en mi mente,
y vivir sin ti no puedo...
Cuando arrancaré de mi alma
este tormento...
Cuando...cuando...cuando
entenderás cuanto te quiero
y que vivir sin ti no puedo...

Te Quiero Hasta El Fin

Porque te conocí...
porque alumbraste mi vida con ilusiones
que estaban ya perdidas y enterradas
muy dentro de mí...

Y dejando en mi alma
estelas de un amor imposible,
que poco a poco me hiere y me mata
dejando mi corazón herido,
sangrando, destrozándolo en pedazos
sin compasión...

Pero aunque sufra y llore,
te seguiré amando hasta el fin...
llevando este secreto muy
pero muy dentro de mi...
como el tesoro más grande
que me has hecho sentir

Te quiero, te quiero hasta el fin...

TE SUEÑO

Te sueño por las noches...
te siento en mi regazo...
y al despertar,
me despierto llorando...

No sé porque te sueño,
no sé porque te siento...
ya que así
voy lastimando mi pecho...

Pero no puedo evitar
lo que por dentro siento,
y aunque me martirice
te seguiré queriendo...

TEMERIDAD

Porque rechazas
este amor que yo te ofrezco...
si sabes que vivir
sin ti no puedo...

Porque te empeñas en creer
que no te quiero...
si desde que te conocí
por ti me muero...

Porque temes amarme
como yo te quiero...
Porque no te das cuenta
que me estás queriendo...

Porque no abres tu corazón,
y confiesas tu cariño...
Porque me haces sufrir
esperando como un niño...

TENGO

Tengo que alejarme de tu lado
para no sufrir así...
Tengo que dejarte ir
y vivir la vida sin ti...

Tengo que acostumbrarme
a estar lejos de ti...
Tengo que olvidar
que lo eres todo para mi...

Tengo que lograr matar
este amor que fue tan loco...
Tengo que aprender a olvidarte,
aunque me arranque el corazón...

TODOS LOS DÍAS

Todos los días son para mí
largos y tristes...
Soñando cada noche
con tus besos y tus caricias...
Sintiendo que eres mío
y sabiéndote tan lejos,
busco en tu recuerdo
las veces que me amaste...

Tengo una loca ansiedad
por sentirte mío...
Llenarte de caricias,
mirarme en tus pupilas
y decirte al oído
cuanto te quiero...
y como deseo ser tuya,
solo tuya...
en un amor eterno...

TÚ

Tú has sido mi todo
en esta amarga vida...
y te he entregado tanto
que me siento morir
de solo pensar
que podría perderte
y tener que vivir
sin tenerte junto a mi...

Nuestros caminos
están unidos para siempre...
Jamás podré olvidarte,
ni tampoco tú a mi...
Solo la muerte podría separarnos
y aun después de muerta,
te amaré hasta el fin...

Tu Alma Y La Mía

Tu alma y la mía
son almas gemelas...
Los dos hemos sufrido,
los dos hemos llorado
por un amor tan grande
que nos ha traicionado...

Tu alma y la mía
son almas gemelas...
que lloran por una pena
que nadie ha consolado
y sufren en silencio
amargando su existencia...

Tu alma y la mía
son almas gemelas...
que juntos sufrimos
y nunca pensamos
que nuestro destino
sería enamorarnos...

Tu Ambición

Yo sé que tú sueñas
con tener riquezas...
y sé que más nunca
volverás a querer,
porque la ambición
solo llena tu pecho
y tú no comprendes
lo que vale el amor...

Pero quiero demostrarte
que el amor es sagrado...
que nunca la riqueza
lo podrá comprar...
que un amor sincero
si vale la pena...
y que el dinero, según viene,
también se va...

Tu Amor

Tu amor es mariposa
que va de flor en flor...
y aunque tú no lo aceptes
me llevas en tu corazón...

Corazón que está luchando
por librarse de mi amor,
y que corre por tus venas
y alborota tu pasión...
pasión que se esconde
detrás de tu corazón
y aunque quieras engañarlo
es más grande tu amor...

Amor que llevarás
clavado en tu piel
y por siempre sentirás
aunque en brazos de otra estés...

Tu Cuerpo

No sé qué tiene tu boca
que me enloquece...
No sé qué tienen tus ojos
que me envuelven...
No sé qué tienen tus brazos
que son como cadenas
y me unen a ti...

Tu sonrisa es murmullo de un río...
Tus ojos son dos luceros en el cielo...
Tus brazos son cual caricia de un niño...
Tu amor es como la luz del sol...

Me has dado a probar
el sabor de tus labios...
Me has dado a sentir
el calor de tu cuerpo...
Me has hecho temblar
entre tus tiernos brazos...
y es por eso que te quiero...
que te amo tanto...

Tu Dominio

Porque me domina tu mirada
e instigas mi pasión...
Porque gozas al saberlo
y ultimas mi dolor...
Te entregue a ti, mi alma,
con la locura de este amor...

Porque alborozas mis sentidos
y no te llenas con este amor...
Porque no buscas en mis labios
esa eterna pasión...

Rompe mis cadenas
y tómame mi amor...
olvídate de todo y
amémonos los dos...

Tu Ilusión

En tu alma tienes
una ilusión muy grande...
encontrar una mujer
que siempre te ame...

Sueñas con tenerla
algún día junto a ti...
y vives amándola
sin poderlo decir...

Tal vez la tengas cerca,
muy cerca de ti...
pero tu amor es tan grande
que no lo quieres decir...

Porque temes que tu amor
no sea correspondido,
por aquella que no merezca
un amor tan desmedido...

Pero algún día te arriesgarás
a confesar ese amor...
y verás que tu ilusión
en tus manos la tendrás...

Tu Juego

Un día tú juraste,
que me amabas con locura...
me envolviste con tus besos
y creí en tu ternura...

Mas hoy que yo te amo
con toda mi pasión...
me dices muy alegre
que era un juego tu amor...

Mataste un amor
que vivía para ti...
pero recuerda siempre
que nadie te querrá así...

Hoy me lastimaste
y destrozas mi corazón...
pero un día llorarás
como lloro hoy por ti...

Tu Juramento

Mil veces me juraste
un amor eterno...
cómo puedes tu jurar
que tu amor se fue muriendo...
sí con solo mirarte
siento tu deseo de entregarte
y amarme como en viejos tiempos.

Cómo puedes tu jurar
que todos tus sentimientos,
tan bellos y profundos,
se esfumaron con el viento...
pues yo puedo sentirlos
cuando me das un beso
y sé que me llevas muy dentro
y no me puedes negar
lo que te estoy diciendo...

En esta vida amamos solo una vez
y tú y yo lo sabemos...
y este amor tan grande
que los dos tenemos,
debemos disfrutarlo
amándonos por siempre
y empezando de nuevo...
y podernos decir,
te quiero, te quiero...nos queremos...

Tú No Comprendes

Anoche estuve llorando,
al comprender que no eres mío...
al saber que amas a otra
y no eres correspondido...

Hoy sufro por tu amor,
y tú no te das cuenta...
lo grande que es mi amor
porque quieres a otra...

Otra que no te ofrece
un amor tan sincero...
qué lástima tu corazón
porque no te quiere...

Pero mi amor es tan grande
que no se deja vencer...
y luchará contra todo
hasta que me llegues a querer...

Tu Olvido

Me quisiste, yo te quise...
me adoraste, te adoré...
fuiste mío, yo fui tuya...
me olvidaste, te olvidé...

Me quisiste con locura,
me adoraste con pasión...
me entregaste toda tu alma,
y me olvidaste sin razón...

Yo te quise como a un niño,
te adore como a un dios...
te entregue toda mi vida,
y te olvide con dolor...

Tú...Sin Saberlo

Tengo que arrancarte
de mi mente y de mi alma,
aunque muera por dentro...
Quiero olvidarte para siempre
aunque se destruya mi pecho...

No quiero seguir sufriendo en silencio
sin poderte decir esto que yo siento...
sabiendo que tu amor es de otra
y que jamás podré tenerlo...

Que martirio tan grande
estoy yo sufriendo...
amándote como te amo
y tú sin saberlo...

TUS MENTIRAS

Cómo llegue a quererte,
si sabía que no eras para mi...
Porque llegaste a mi vida
haciéndome sufrir...
Porque hiciste que te amara
contándome mentiras...
¿es que no sentías cómo te quería?

Cómo llegue a amarte
y sentir tanta ternura...
Porque me engañaste
y no miras mi amor y dolor...

Porque te ensañaste
sin mostrar compasión
de este amor profundo
que siento en mi interior...

Tus mentiras me envolvieron,
destruyendo este corazón
que hiciste palpitar
más desvaneciendo la ilusión...
Porque llegue a quererte...
porque llegue a amarte...
si tú no tienes corazón...
Porque...porque...

TUS OJOS

Tus ojos son estrellas del cielo,
tu boca es esmeralda de mar,
tu risa es murmullo de un río
que siempre me hacen soñar...

Yo jamás podría alcanzarte
porque eres un ángel celestial,
y me conformo con solo mirarte
pidiéndole al cielo un poco de piedad...

Un Día

Destruiste tú, mi vida,
destruiste tú, mi amor...
y hoy vago por el mundo
sin amor, ni comprensión...

Por ti deje a mis padres,
por ti deje mi hogar...
y solo he conseguido
engaño y falsedad...

Hoy me encuentro sola,
sola y sin amigos...
porque a ti te debo
el que me hayas destruido...

Pero un día pagarás
por todo el llanto mío...
y ese día reiré
como ahora he sufrido...

VIDA

Vida, vida...porque has permitido
que se cruce en mi camino
si sabes que este sentimiento
me hace sufrir cada día más y más...

Vida, vida...por qué me dejas
con esta sensación
de hundirme en este amor
que destruye mi pecho
cada día más...

Porque cuando uno ama
con amor sincero y verdadero,
se tropieza con aquel
que no valora tus sentimientos...
y este te va destruyendo
hasta que hace añicos tu pecho...

Por favor, arráncame
este amor que siento
y no permitas que
me siga hundiendo
con esto por dentro
que me está consumiendo...

VIL TRAICIÓN

Por este corazón
que día a día late sin razón...
Por este gran dolor
que la vida me otorgo...
Por este suplicio
de vivir sin tu amor...
es por eso que anhelo encontrar
otro gran amor
que me haga olvidar
esta cobardía de huirle a la razón
para poder sentirme
hinchada de pasión...

Cuanto yo daría
por cambiar en mi vida
tanta tristeza y dolor...
Por una gran pasión que le haga
olvidar a mi triste corazón
el desengaño cruel
de una vil traición
que dejo de luto mi alma...
negándole en la vida
a creer en otro amor...

VIVIR

No te dejes destruir
por aquel que no ha querido
que triunfes en la vida
y florezca tu destino...

Tienes que afrontar
a la vida con valor,
y seguir siempre adelante
hasta conseguir tu ambición...

Y cuando la consigas
volverás a ser feliz...
le sonreirás a la vida
y volverás a revivir...

Miriam Serrano

Natural de Santurce, Puerto Rico donde vivió por 25 años antes de trasladar su residencia a Nueva York. Comenzó a escribir desde su adolescencia y siempre fue una ávida lectora de poesías. Su frase *"siempre he creído en el amor, por eso sueño y vivo enamorada de él"* ha sido la fuente que genera su inspiración. Su actitud hacia la vida se basa en el agradecimiento. Fiel defensora de los sentimientos que hacen del amor lo más sublime y al mismo tiempo un mar de pasión embravecido. Madre de 3 hijos: Yatzie Darie, Thais Aimee y Gabriel. Actualmente, vive en el sur de la Florida, USA.

Made in the USA
Columbia, SC
19 September 2022